CONTINENTES

África

Leila Merrell Foster

Heinemann Library
Chicago, Illinois

Designed by Joanna Hinton-Malivoire and Q2A Creative
Printed in China by South China Printing Company
Translation into Spanish by DoubleO Publishing Services

13 12 11 10 09
10 9 8 7 6 5 4 3 2 1

ISBN-10: 1-4329-1749-8 (hc) – ISBN-10: 1-4329-1757-9 (pb)
ISBN-13: 978-1-4329-1749-4 (hc) – ISBN-13: 978-1-4329-1757-9 (pb)

Library of Congress Cataloguing-in-Publication Data

Foster, Leila Merrell.
  [Africa. Spanish]
  Africa / Leila Merrell Foster.
     p. cm.
  Includes index.
  ISBN-13: 978-1-4329-1749-4 (hardcover)
  ISBN-10: 1-4329-1749-8 (hardcover)
  ISBN-13: 978-1-4329-1757-9 (pbk.)
  ISBN-10: 1-4329-1757-9 (pbk.)
  1. Africa–Juvenile literature. I. Title.
  DT3.F6718 2008
  960–dc22
                                        2008019243

Acknowledgments
The publishers are grateful to the following for permission to reproduce copyright material:
Getty/Robert Harding World Imagery/Thorsten Milse p. 5; Earth Scenes/Frank Krahmer, p. 7; Tony Stone/Nicholas Parfitt, p.9; Tony Stone/Jeremy Walker, p.11; Bruce Coleman Inc./Brian Miller, p. 13; Animals Animals/Bruce Davidson, p. 14; Bruce Coleman, Inc./Nicholas DeVore III, p. 15; Earth Scenes/Zig Leszczynski, p. 16; Bruce Coleman, Inc./Lee Lyon, p. 17; Corbis/Arthur Thevena, p. 19; Bruce Coleman, Inc./Bob Burch, p. 21; Corbis/K.M. Westermann, p. 22; Corbis/AFP, p. 23; Photo Edit/Paul Conklin, p. 24; Bruce Coleman, Inc/John Shaw., p. 25; Tony Stone/Sylrain Grandadam, p. 27; Bruce Coleman, Inc./Norman Myers, p. 28; Animals Animals/Leen Van der Silk, p. 29.

Cover photograph of Africa, reproduced with permission of Science Photo Library/ Tom Van Sant, Geosphere Project/ Planetary Visions.

The publishers would like to thank Kathy Peltan, Keith Lye, and Nancy Harris for their assistance in the preparation of this book.

Every effort has been made to contact copyright holders of any material reproduced in this book. Any omissions will be rectified in subsequent printings if notice is given to the publisher.

> Algunas palabras aparecen en negrita, **como éstas**.
> Puedes averiguar sus significados en el glosario.

Contenido

¿Dónde queda África?

Un continente es una extensión de tierra muy grande. En el mundo hay siete continentes. África es el segundo continente más grande. El **ecuador** atraviesa el continente africano. El ecuador es una línea imaginaria ubicada alrededor del centro de la Tierra.

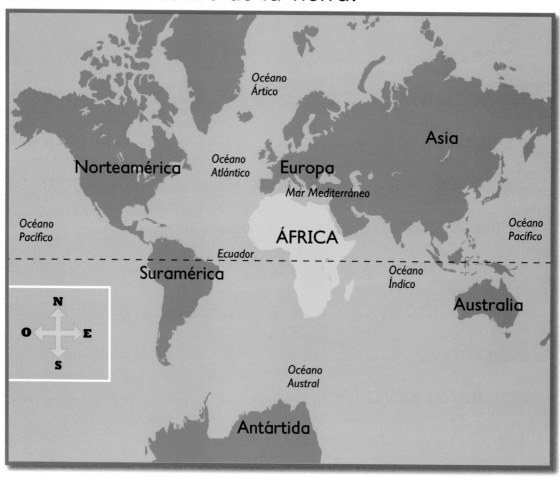

▲ *Éste es el cabo de Buena Esperanza, en Suráfrica.*

África se encuentra entre dos grandes océanos. Al oeste está el océano Atlántico. Al este, el océano Índico. El mar Mediterráneo separa África del sur de Europa.

Clima

Debido a que África se encuentra en el **ecuador**, el clima es muy caluroso. El continente africano tiene **selvas tropicales**. El **clima** allí es caluroso y lluvioso todo al año. En algunas regiones de África, las montañas más altas están cubiertas de nieve y hielo.

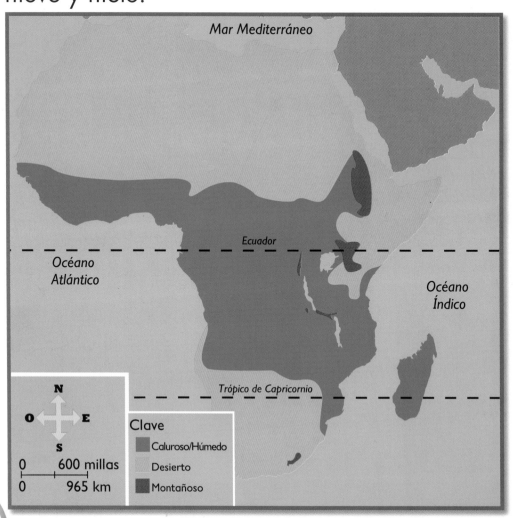

Mar Mediterráneo

Ecuador

Océano Atlántico

Océano Índico

Trópico de Capricornio

N
O   E
S

0   600 millas
0   965 km

Clave

Caluroso/Húmedo

Desierto

Montañoso

El desierto del Namib tiene las dunas de arena más altas del mundo.

▲ *El desierto del Namib se encuentra en el sur de África.*

Las praderas de la **sabana** tienen una larga estación seca y una corta estación húmeda. En los enormes desiertos hace calor todo el año. En el extremo sur de África, el invierno es cálido y lluvioso. El verano es caluroso y seco.

Montañas y desiertos

Grandes extensiones del centro y sur de África son altas y llanas. Entre las montañas del este de África se encuentra el monte Kilimanjaro. En el pasado fue un **volcán activo**, pero ahora está **extinto**. Esto significa que ya no entra en erupción.

El monte Kilimanjaro es la montaña más alta de África.

▲ *El monte Kilimanjaro se encuentra en el este de África.*

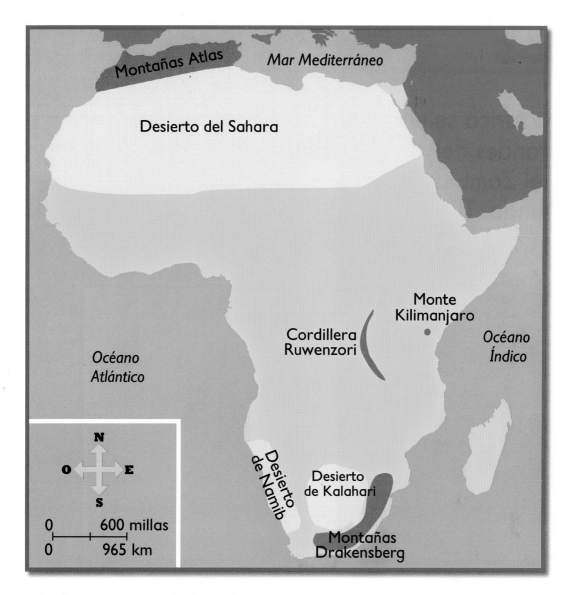

El **desierto** del Sahara es el desierto más extenso del mundo. Cubre casi un tercio del continente africano. Los desiertos de Namib y Kalahari, ubicados al sur, son enormes también. En los desiertos africanos hay grandes dunas de arena. También soplan vientos muy calurosos.

9

Ríos

En África se encuentran cuatro de los ríos más grandes del mundo: el Nilo, el Congo, el Níger y el Zambezi. El Nilo es el río más largo del mundo. Tiene muchas **represas** que detienen el flujo de agua.

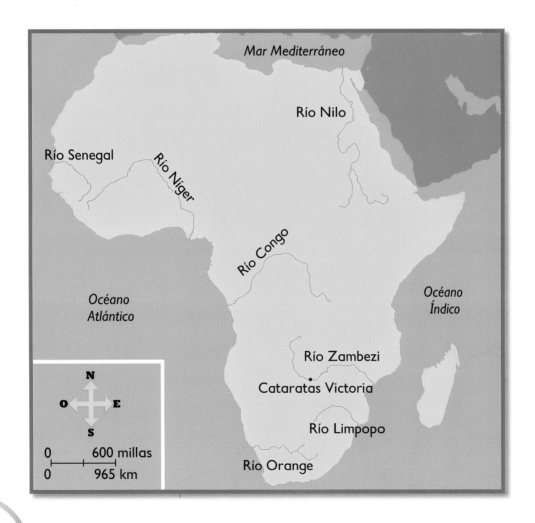

Mar Mediterráneo

Río Nilo

Río Senegal

Río Níger

Río Congo

Océano Atlántico

Océano Índico

Río Zambezi

Cataratas Victoria

Río Limpopo

Río Orange

N
O   E
S

| 0 | 600 millas |
| 0 | 965 km |

El nombre africano de las cataratas Victoria es *Mosi-oa-Tunya*, que significa "el vapor que ruge".

▲ *Las cataratas Victoria se encuentran en Zimbabue.*

El río Zambezi desciende unos 335 pies (108 metros) hacia el interior de un **barranco** rocoso, denominado cataratas Victoria. El estruendo del agua puede oírse a 25 millas (40 kilómetros) de distancia. Las cataratas se llaman así en honor a la reina Victoria de Inglaterra.

Lagos

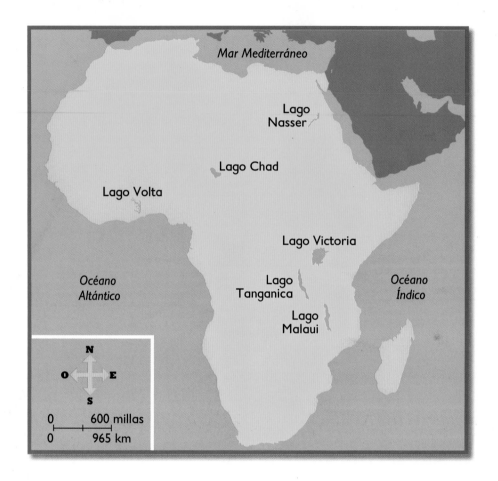

Mar Mediterráneo

Lago Nasser

Lago Chad

Lago Volta

Lago Victoria

Océano Altántico

Lago Tanganica

Lago Malaui

Océano Índico

N
O E
S

0 — 600 millas
0 — 965 km

África tiene muchos lagos. Algunos lagos surgieron cuando se construyeron **represas** en los ríos. Los lagos Tanganica y Malaui se encuentran en el Gran **Valle** del Rift. Hace millones de años, la tierra se agrietó y se creó este valle.

Muchas personas viven cerca del lago Victoria y pescan en sus aguas. Pero muchos peces están desapareciendo. Los residuos de las fábricas y los desechos humanos han **contaminado** el agua.

El lago Victoria es uno de los lagos de **agua dulce** más grandes del mundo.

▲ *El lago Victoria se encuentra en Uganda.*

Animales

En las praderas, conocidas como **sabanas**, viven leones, elefantes y rinocerontes. También hay cebras, ñus y búfalos. Las jirafas se alimentan de las hojas de los árboles. En el cielo vuelan águilas y buitres.

▲ *En Kenia hay elefantes.*

Muchos animales africanos viven en **parques nacionales**, donde están a salvo de los cazadores.

▲ *Este gorila vive en Ruanda.*

Los gorilas y los chimpancés se balancean entre los árboles de las **selvas tropicales** de África central. Los cocodrilos y los hipopótamos viven en pantanos. Los flamencos y los pelícanos atrapan peces en los ríos.

Vegetación

Miles de plantas y árboles crecen en las **selvas tropicales** africanas. Algunas plantas son muy hermosas. Algunas se utilizan para preparar comidas o medicamentos. Las personas utilizan la madera maciza y resistente de la caoba y del ébano para hacer muebles y esculturas.

▲ *Estas esculturas están hechas de ébano.*

Hace miles de años, los antiguos egipcios utilizaban el papiro para hacer papel.

▲ *Los papiros crecen a orillas del Nilo.*

Los **juncos** de papiro crecen en la ribera (orilla) del río Nilo, en Egipto. En muchas partes de África hay palmeras. Algunas palmeras dan dátiles y otras dan cocos. A veces, las personas utilizan las hojas de las palmeras para fabricar los techos de sus casas.

Idiomas

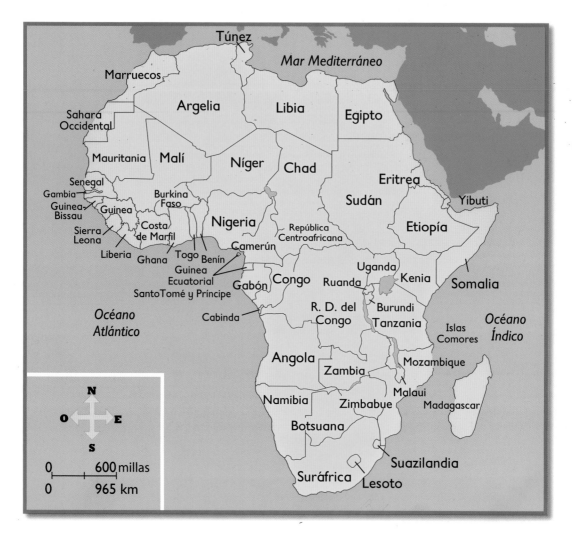

En África se hablan más de 800 idiomas. En el siglo XIX, muchos europeos se mudaron a África. En la actualidad, algunos africanos hablan inglés o francés.

En África del norte la mayoría de las personas habla árabe. Esto se debe a que hace cientos de años, los árabes de Oriente Medio se trasladaron a África. En el sur de África, la mayoría de las personas habla uno de los muchos idiomas bantú.

▲ *Éste es un mercado árabe en Egipto.*

Ciudades

En este mapa se muestran algunas de las ciudades más importantes de África. Johannesburgo es la más grande de Suráfrica. Fue construida por **colonos** holandeses en la década de 1880, cuando se descubrió oro en las cercanías. Todavía se extrae oro de las minas.

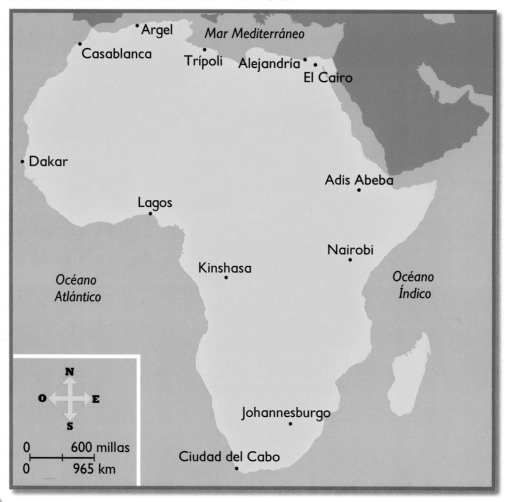

El Cairo es la ciudad más grande de África. Allí viven seis millones de personas.

▲ *El Cairo se encuentra en Egipto.*

El Cairo está a orillas del río Nilo, en el norte de África. Es la **capital** de Egipto. Muchos turistas visitan los museos de El Cairo. Los museos contienen asombrosos tesoros descubiertos en las **tumbas** de los antiguos egipcios.

El techo de la mezquita de Hassan II es corredizo y puede abrirse.

▲ *Casablanca se encuentra en Marruecos.*

Casablanca tiene uno de los **puertos** más importantes de África. Tiene muchos edificios modernos. La **mezquita** de Hassan II es una de las mezquitas más grandes del mundo. Se encuentra sobre una plataforma con vista al océano Atlántico.

Lagos, en Nigeria, es un puerto muy importante en el océano Atlántico. Muchas personas son tan pobres que no tienen hogares propios. Viven en **chozas** hechas de trozos de madera, metal o cartón.

Lagos es la ciudad más poblada del mundo.

▲ *Lagos se encuentra en Nigeria.*

Fuera de las ciudades

La mayoría de los africanos vive en pequeños poblados. Allí cultivan sus propios alimentos. Muchos de los pobladores han cultivado las mismas tierras durante cientos de años. En las regiones cálidas y húmedas de África se cultivan bananas y **ñames**. En las praderas más secas, muchos granjeros siembran trigo.

▲ *Este poblado se encuentra en Guinea.*

Los **ganaderos** se mudan constantemente en busca de agua y comida para sus animales.

▲ *Estos hombres arrean ganado.*

Muchos africanos se dedican a la cría de **ganado**. Las vacas producen leche. También se vende su carne. Algunos jóvenes africanos se trasladan a las ciudades para buscar trabajo en tiendas o fábricas.

Lugares famosos

La ciudad de Tombuctú era un antiguo **centro de comercio** ubicado en las cercanías del río Níger. Tenía un gran palacio, hermosas **mezquitas** y una escuela famosa. Como todos los edificios estaban hechos de barro, ya no queda nada de la ciudad de Tombuctú.

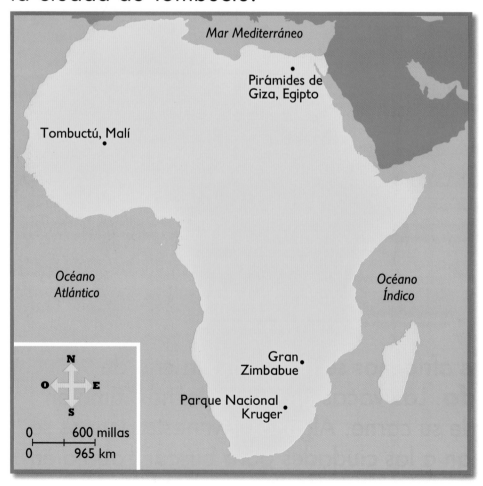

▼ *Estas pirámides se encuentran en Giza, Egipto.*

Hace miles de años, los antiguos egipcios construyeron un grupo de pirámides de piedra cerca del río Nilo, en Egipto. Los egipcios enterraban a sus gobernantes, conocidos como faraones, en el interior de estas pirámides.

Sólo quedan unas pocas paredes de esta gran ciudad.

▲ *Éstas son las ruinas de Gran Zimbabue.*

Hace aproximadamente 1,000 años, las personas de todo el suroeste de África comenzaron a traer oro a Gran Zimbabue. Los gobernantes de Gran Zimbabue se hicieron ricos y poderosos. Construyeron una gran ciudad de piedra.

El **Parque Nacional** Kruger se creó en 1898 para proteger los animales contra la caza. Las personas realizan safaris allí. Eso significa que se pasean por todo el parque para observar los leones, las jirafas y las cebras.

El Parque Nacional Kruger es la reserva natural más grande del mundo.

▲ *El Parque Nacional Kruger se encuentra en Suráfrica.*

Datos y cifras

Montañas más altas de África

Nombre	Altura en pies	Altura en metros	País
Kilimanjaro	19,331	5,892	Tanzania
Monte Kenia	17,057	5,199	Kenia
Mauensi	16,893	5,149	Tanzania

Ríos más largos de África

Nombre del río	Longitud en millas	Longitud en kilómetros	País	Desemboca en
Nilo	4,160	6,695	noreste de África	mar Mediterráneo
Congo	2,781	4,373	África central	océano Atlántico
Níger	2,590	4,167	África	golfo de Guinea

Datos récord de África

África tiene más países que cualquier otro continente.

El **desierto** del Sahara es el desierto más extenso del mundo. Es casi tan grande como los Estados Unidos.

El lago Victoria es uno de los lagos de **agua dulce** más grandes del mundo. Cubre un área de casi el mismo tamaño que Virginia Occidental.

En la isla de Madagascar, frente a la costa este de África, hay animales que no se encuentran en ninguna otra parte de mundo.

El **Parque Nacional** Kruger es la reserva natural más grande del mundo. Su extensión es de más de 7,700 millas cuadradas (20,000 kilómetros cuadrados).

La temperatura más alta de la historia se registró en Libia, África, en 1922. Alcanzó los 136.4 °F (58 °C) a la sombra.

Glosario

agua dulce: agua que no es salada

barranco: valle de río muy profundo, con laderas rocosas y pronunciadas

capital: ciudad donde trabajan los dirigentes del gobierno

centro de comercio: lugar donde se compran y venden muchas cosas

choza: vivienda pequeña y rústica

clima: conjunto de condiciones atmosféricas que caracterizan una región

colonos: personas que se establecen en otro territorio

contaminado: envenenado o dañado por algo nocivo

desierto: área seca y calurosa, con pocas lluvias

ecuador: línea imaginaria que divide la Tierra por la mitad

estación: época del año

extinto: que ya no está activo o vivo

ganadero: persona que cuida del ganado

ganado: grupo grande de animales

junco: tipo de hierba que crece cerca del agua

mezquita: edificio utilizado para el culto por los musulmanes

mina: lugar de donde se extraen minerales que se encuentran debajo de la superficie de la Tierra

ñame: boniato, batata

parque nacional: área de tierra silvestre protegida por el gobierno

puerto: pueblo o ciudad con un muelle, donde los barcos llegan y salen

represa: muro resistente que se construye en un río para controlar el curso del agua

sabana: área cubierta de hierba, con pocos árboles y que se encuentra generalmente en países calurosos

selva tropical: selva con densa vegetación y abundantes lluvias todo el año

tumba: lugar donde se entierran los muertos

valle: área baja ubicada entre colinas y montañas

volcán activo: orificio en la tierra que arroja roca derretida y caliente

Más libros para leer

Geis, Patricia. *Pequeña masai*. Combel, 1999.

Geis, Patricia. *Pequeña tamazigh*. Combel, 2005.

Hall, Derek. *El gorila*. Grupo Anaya, 1986.

Índice